シリーズ 時代を語る

バレーボールに明け暮れて

菅原　貞敬

さきがけ新書

秋田魁新報社

バレーボールに明け暮れて

菅原貞敬

目次

バレーボールに明け暮れて

■米代のほとりで育つ

■能代高校から東レへ

■東京五輪の夢つかむ

■引退後は熱血指導者

■年　譜

米代のほとりで育つ

銅メダルの記憶鮮明

あの日のことは今も鮮明に覚えています。

1964（昭和39）年10月23日。東京五輪のバレーボール競技で日本男子が銅メダルを獲得した日です。「東洋の魔女」と呼ばれた女子の金メダルばかりが注目されましたが、男子も優勝したソ連を破るなど健闘していました。

会場は横浜文化体育館、対戦相手はオランダです。日本は1セットを取れば、3位以内が確定するという状況でした。

メダルが懸かっていただけに選手はみんなプレッシャーを感じていました。出だしで硬くなってしまい、最初のセットを失います。でも、第2セット以降は本来のプレーを取り戻し、3―1の逆転勝利で銅メダルを手にしました。

私も12人のメンバーの一人として、五輪のコートに立ちました。夢にまで見た最高峰の舞台。しかも自国開催です。大声援を浴びながら、持てる力を出し切りました。バレーボール人生の絶期でしたね。

当時25歳だった私も78歳になりました。現在は女子プレミアリーグの日立リヴァーレ(茨城県ひたちなか市)で顧問をしています。バレーボールを始めたのは12歳の時ですから、この道67年になります。

仕事で全国を回っていますが、私ほど現場で長くやっている人はまずいません。日本バレーボール協会や日本バレーボールリーグ機構の会長も私よりずっと年下です。

さすがに今は、コートに立つことはなくなりました。それでも、試合の観戦に行くと気持ちが高ぶり、自然に大きな声が出てしまう。年を取っても、闘争心は衰えないものですね。

女子プレミアリーグ決勝・日立ー久光製薬を観戦する＝2016年3月、東京体育館

伯父は元小結の光風

下の写真で、中央で化粧まわし姿で立っているのは1920年代に活躍した大相撲の元小結、光風《てるかぜ》です。父貞治《ていじ》の兄、私の伯父に当たる人です。

〈光風貞太郎（1894〜1941年）は本名・小番貞蔵、子吉村（現由利本荘市）出身。14年初土俵、22年新入幕、26年に小結昇進。27年に引退し、年寄待乳山《まっちやま》を襲名。後進の指導に当たっていたが、41年に名古屋で死去した〉

写真は光風が19歳の時に本荘町で撮ったものです。左隣の大男が第18代横綱大砲《おおづつ》の待乳山親方。右隣が光風の母フサノで、その足元に座っているのが11歳の貞治です。

私の父は口数の少ない人で、自分のことはほとんど話をしませんでした。代わりに母が教えてくれました。

実家は子吉村の素封家で、父の父親は村長だったそうです。父は5人きょうだいの三男、光風が次男でした。父は私たち2人の息子にも「貞」の字の入った名前を付けました。

父は仙台の獣医学校を出て、獣医師になりました。牛馬の診察で向能代を巡回した際、開業医をしていた菅原家に度々、立ち寄っていました。それが縁で、跡取りのいなかった菅原家の養子に入ったのです。

父が大相撲力士の弟だったことも母から聞きました。光風はとても勉強ができた人で、父と同じく獣医師志望でした。「秋田の力士たち」（秋田魁新報社刊）には、光風が仙台の獣医学校在学中に巡業相撲に飛び入り参加し、待乳山親方の目に留まり、角界入りしたエピソードが紹介されています。

1920年代に活躍した子吉村出身の元小結、光風（中央）赤ん坊の頃、両親やきょうだいと＝自宅前

光風の身長は178・8センチ、私は177センチです。私は手首が強く、バレーボール全日本男子のメンバーだった頃は他の選手に腕相撲で負けたことがなかった。スポーツマンとしての素質は、父方の血を受け継いだのかもしれませんね。

「馬の医者の子ども」

米代川の河口に近い向能代で生まれ育ちました。実家は能代橋のすぐそば。500坪（1坪は約3・3平方メートル）ほどの敷地に立つ木造平屋の家でした。

菅原家は向能代で開業医をしていましたが、跡取りに恵まれませんでした。子吉村（現由利本荘市）の獣医師の父貞治《ていじ》が巡回診察の折、菅原家でお茶を飲んでいたのが縁で養子に迎えられることになったのです。

父は大久保町（現潟上市）の菅原家の親類の女性と結婚しました。父の最初の妻は長男と長女を産んだ後、病気で早世しました。

再婚相手が母のきくえです。先妻と同じく大久保の別の親類の娘で、次女や私を含めて1男5女を産みました。私は8人きょうだい（2男6女）中、4番目の次男。長男や長女とは腹違いになります。

幼少期で記憶に残っているのは、広い庭で仕事にいそしむ父の姿です。診療するのはもっぱら牛と馬。庭には診察時につなぐ木の枠が備えてありました。

当時、牛馬は農作業に欠かせませんでした。農家の貴重な財産でもありました。父が犬や猫を診るところなど、一度も見たことがありません。近所の人からは「馬の医者の子ども」と呼ばれていました。

父は規律に厳しい人でした。朝は竹ぼうきで畳をたたき、私たちを起こすのです。子どもたちは手伝いの割り当てが決まっていて、私は庭掃除の係。サボると怒鳴られました。

小中学校のPTA会長も引き受けていました。子どもが8人もいたので、かなり長い間務めていました。65歳で亡くなり、昨年が五十回忌でした。

母は一昨年11月、96歳でこの世を去り

赤ん坊の頃、両親やきょうだいと＝自宅前

ました。こつこつと家事をする人でした。8人の子育ては大変だったと思います。

食事の時、母は私のおかずを多めにしてくれたものです。姉や妹は「とし（貞敬）は母さんに一番かわいがられていた」とよく言っていましたね。

夢を追い渡米した姉

向能代の実家には、つるべ井戸がありました。朝、近所の人がてんびん棒の両側におけを下げて、水をもらいに来ていました。みんなが家に寄り、お茶を飲んでいました。隣近所の仲が良かったんですね。

家の目の前が米代川でした。子どもの頃はもっぱら川で遊びました。よくやったのが石投げです。一体幾つ投げたんだろうかと思うほど夢中になりました。肩や腕力が強くなったのはそのおかげだと思っています。

夏場は泳いでばかりいました。近くの木橋の欄干から川に飛び込んだものです。海も歩いて30分ほどでした。河口近くは、水面に近い方が川の水で海に注ぎ込んでいますが、川底の方は逆に海水が川に流れ込んでいます。空き瓶の口を押さえて川底に潜り、海水をくむ遊びもやりました。

体を動かすことは大好きでしたが、勉強は苦手でした。だから年中、外を駆け回って遊んでいた。雪景色の米代川、日本海の夕日が少年時代の風景として記憶に残っています。

8人きょうだいの中で一番の勉強家は5歳上の長女用子でした。看護師になり、東北大や東大の付属病院で働いていましたが、「英語の勉強がしたい」と一念発起し、1960（昭和35）年に単身、船で米国に渡りました。

努力してカリフォルニア大ロサンゼルス校（UCLA）に入り、6年かけて卒業しました。50年以上も前に夢を追って日本を飛び出したチャレンジ精神に感服しました。

姉はロサンゼルスの邦字紙で働く日系2世と結婚し、現地に永住しました。私がケニア女子の監督

姉の用子（右）、日系２世の夫ジョージ・カトウさん（中央）と

として、2000年のシドニー五輪に出場した時、米国の姉から「テレビで試合を見たよ」と連絡がありました。うれしかったですね。

姉は一昨年3月、81歳で亡くなりました。そのうちロサンゼルスを訪れ、墓前に花を供えたいと思っています。

はしか患い死の縁に

6歳の時、生死をさまよう経験をしました。向能代小学校に入学してすぐの頃、はしかにかかったのです。当時、能代市でははしかが流行し、亡くなる子どももいました。一緒に発症した2人の妹は1週間ほどで回復したのに、自分だけは治りが遅かった。高熱と鼻血が20日以上も続き、みるみるやせ細っていきました。

ある日、私は洗面器に半分もの量の鼻血を流し、気を失いました。驚いた家族が市内の医院に連れて行こうとしましたが、あいにく父は外出して不在でした。市内との往来に使っていた近くの木橋も大水で流されたばかりでした。

5歳上の長女用子が私をおぶって連れて行くことになりました。米代川を渡るのに使ったのは五能線の鉄橋です。レールの間に縦に敷かれた2列の板の上を歩いて行くのです。

鉄橋付近の川幅は350メートルほどもあります。渡っている時間がとても長く感じられました。意識がもうろうとしていましたが、あの時の恐怖感だけは覚えています。姉も怖かったと思いますが、弱音を吐きませんでした。私は医院に運び込まれ、ようやく息を吹き返したのです。

もう一度、同じような体験をしました。今度は隣の蹄鉄《ていてつ》屋のおじさんに背負われ、鉄橋を渡って医者に行ったのです。後に母は「この子は死ぬんじゃないかと思った」と話していました。

しばらくして病状は良くなりましたが、体はヒョロヒョロして貧弱そのものでした。終戦間際で食料事情が良くなかった影響もあったのでしょう。4年生の頃までは、しょっちゅう鼻血を流していました。

5年生になると、すっかり体力もつき、外で遊び回るようになりました。身長は

姉におぶわれて渡った五能線の鉄橋（現在）

160センチを超えていました。ガキ大将のような存在でしたね。悪さをして校長室に呼び出され、絞られたこともあったな。

疎開先で空襲を目撃

向能代小学校に入学した年の夏、日本は終戦を迎えました。

私は長く苦しんだはしかがようやく治り、2歳上の姉澄子と2人で大久保町（現潟上市）の母親の実家に疎開していました。

当時の能代市は大きな街でした。秋田市と共に能代が空襲されるとうわさされていました。

空襲に備え、家の裏に防空壕《ごう》を掘っていました。でも、うちは子どもがたくさんいたので、両親はいざという時、手間がかかると考え、姉と私を疎開させたのだと思います。

戦争末期、わが家には日本兵が寝泊まりしていました。ソ連軍が日本海から上陸してくるのを警戒し、民家に駐在していると聞きました。戦況が芳しくないことは子どもの目にも分かりました。

8月14日の夜に見た土崎空襲の光景が今も忘れられません。爆撃の火柱が間近に見え、びっくりしました。はるか上空にＢ29の機影がありました。

私たちは親類宅にとどまっていましたが、大久保の住民は大勢、元木山に避難しました。布団や毛布を頭からかぶり、ぞろぞろと逃げて行った。大人たちの必死な表情が心に残っています。

終戦後、男はみんな殺され、女は連れ去られるという風評が流れました。大人たちはうろたえていました。敗戦のショックでおかしくなった日本兵が、日本刀を手に小学校の校長を追い掛ける姿も見ました。

戦中、戦後はひもじい思いをしました。少しの米粒と大根の葉っぱが入ったかゆや麦ご飯をよく食

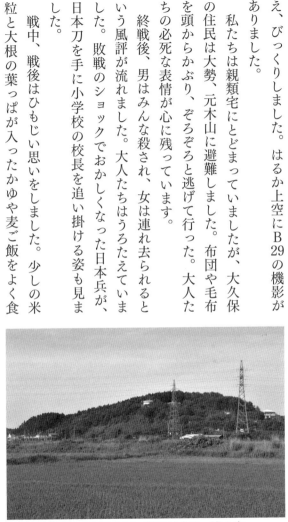

今訪れても戦時の記憶がよみがえる元木山＝潟上市

べた。母親は食べ物を確保するのに苦労したと思います。私も木の枝とゴムでパチンコを作り、スズメを捕っておかずの足しにしたものです。

馬肉は貴重な食料でした。でも、わが家では父は食べませんでした。馬を診ていたので、特別な思いを持っていたのです。父は「馬には感情があって、悲しい時には涙を流す。人と同じような感情を持っている」と話していました。

中学でバレー始める

1951（昭和26）年、東雲《しののめ》中学校に入学すると、野球部に入りました。父から強く勧められたからです。

体の線が細かったので、スポーツをやらせて鍛えようと考えたのでしょう。当時、スポーツの花形は野球でした。私も小学生の時、友達とよく野球をして遊んでいました。中学は1学年に4クラスあり、男子の運動部は野球、バレーボール、バスケットボールの三つでした。野球は人気があったとはいえ、東雲中では部員が少なく、すぐに一塁手のレギュラーになれました。でも、きつい練習についていけず、サボったことも何度かありました。

合宿中に家に逃げ帰ったら、獣医だった父は見かねて「腕を出せ」と言って注射をしてくれました。ブドウ糖だったと思います。食料にとジャガイモを渡され、「すぐに学校に戻れ」と命じられました。

バッティングは得意でした。当時、能代二中に好投手がいて、東雲中の上級生は速球にかすりもしませんでしたが、私はバットに当てていました。

しかし、中1の秋、野球部は活動休止になりました。退部者が出て8人に減り、試合ができなくなったからです。

暇になった私をバレー部に誘ってくれたのが、顧問の菅野重夫先生です。クラスの担任でもありました。女子のバレー部員だった2歳上の姉澄子からも勧められました。

野球を続けられないのは残念でしたが、「ぶらぶらしていてもしょうがない」と思い、入部する

3年間学んだ東雲中の校舎（東雲中創立五十周年記念誌から）

ことにしました。

当時、日本のバレーは6人制ではなく9人制が主流でした。身長が170センチ近くあった私はすぐにネットに近い前衛のライトを任されたのですが、「そこに立っていればいいから」と言われていました。初めはうまくプレーできず、あまり面白みを感じなかった。まさか、その後ずっとバレーに関わり続けるとは思いもしませんでした。

往時の主流は9人制

バレーボールは19世紀末に米国で生まれたスポーツです。1908（明治41）年に初めて日本に紹介されました。

国内では昭和30年代まで9人制バレーが主流でした。国際式の6人制が普及したのは、1964（昭和39）年の東京五輪招致がきっかけです。開催国が選べる新種目にバレーを加えようという動きの中で、6人制の導入が図られたのです。

〈9人制バレーはフリーポジション制で、6人制のようなローテーションがない。全ての選手がアタックやブロックを含め自由にプレーできる。サーブの試技は2回で、1本目をミスしても打ち直すことができる。現在も「ママさんバレー」などで広く親しまれている〉

私が東雲《しののめ》中学校で出合ったバレーも9人制でした。高校卒業後、実業団の東洋レーヨンに入ってからも、しばらくは9人制が中心でした。チーム名の「東レ九鱗《くりん》会」（現東レアローズ）も9人制に由来しています。

東雲中では入部した1年の秋からネットに近い前衛のライトのレギュラーでしたが、初心者だったため大して活躍できませんでした。それでも徐々に上達すると、バレーが楽しいと感じるようになりました。

もっとうまくなりたいと思い、帰宅後に走り込みに励みました。家の敷地が約500坪（1坪は約3・3平方メートル）と広く、玄関から奥の端まで直線で80メートルほどありました。そこでダッシュを繰り返すのです。

3年時には、エースポジションである前衛のレフトを任されました。当時、地元では能代一中が

敷地約500坪の向能代の実家。住宅は30年以上前に建て替えた

強かった。いい選手が3人ぐらいいましたね。東雲中は一度も勝つことができず、最高で準優勝止まりでした。

中学で味わった悔しさを晴らそうと、高校でもバレーをやることにしました。進学先に選んだのは能代高校です。当時、県内の高校では大館鳳鳴や能代工業と並ぶバレーの強豪校でした。

能代高校から東レへ

ベンチ外れて荷物番

1954（昭和29）年、能代高校に入学しました。受験を前に能代と能代工業の両校から「うちに来ないか」と声が掛かり、迷った末に能代を選びました。勉強が得意ではなかったので、試験の出来は自信がありませんでした。バレーボールのおかげで、何とか拾ってもらったと思っています。

当時、県北はバレーが盛んでした。大館鳳鳴は53年に開かれた四国国体の高校男子（9人制）に出場し、県勢初の優勝を飾っています。能代、能代工を合わせた3校がしのぎを削っていて、地区大会を勝ち抜くのが難しかった。県北を制する学校が全県を制するといわれていました。

能代高の当時の監督は武田重蔵先生。バレー部OBで、早稲田大でレシーバーとして活躍した方です。顧問の大原義正先生もOBで明治大バレー部出身でした。あの頃の大学バレーは実業団よりも人気が高く、早大や明大は強豪でした。

毎日の練習はとても厳しかった。休日はほとんどありませんでした。国体で優勝した大館鳳鳴に対抗し、夏の全日本高校選手権（インターハイの前身）で勝つことを目標にしていました。

高1の時はベンチメンバーから外れ、荷物番でした。1年生で東雲中《しののめ》出身は私だけ。能代一中と能代二中出身の同期はベンチに入っていたので、とても悔しい思いをしました。

試験などで学校が早く終わると、各高校に進んだ東雲中バレー部のOBが集まり、母校に遊びに行ったものです。顧問の塚本敬三先生も「よく来たな」と歓迎してくれました。教え子の練習試合の相手として重宝したのでしょう。後輩たちは

能代高1年時のチーム写真（後列右から2人目）

「先輩が来ると練習がきつくなる」とぼやいていました。

帰り際、塚本先生は私たちOBを当直室に招き入れ、インスタントラーメンやパンを振る舞ってくれました。苦しい練習の日々の中で、数少ない楽しいひとときでしたね。

先輩故障しエースに

高校に入り、自分には体力とジャンプ力が足りないと感じました。そこで自主トレーニングに力を入れることにしました。

自宅敷地でのダッシュの他、庭にある松の木の枝を目掛けてジャンプ練習を繰り返しました。ぶら下がることができたら、さらに上の枝を目標にするのです。登下校時には爪先立ちで歩き、砂を詰めたビール瓶で手首も鍛えました。上達したい一心で、思い付いたことは何でもやりましたね。

１９５５（昭和30）年、２年に上がるとレギュラーになりました。ポジションは前衛のレフトです。その夏、全県を制し、全日本高校選手権（インターハイの前身）出場を決めました。開催地は兵庫県姫路市でした。

ところが、チームは思わぬアクシデントに見舞われます。主将でエースの上級生が腰を痛め、出られなくなったのです。主将は前衛のセンターで、セッターはライトに置いていました。武田重蔵監督から「お前がエースをやれ」と命じられました。私にボールを集めて戦うことになりました。みんながボールをよく拾い、つないでくれた。私もエースを任された責任感から、持てる力を振り絞ってプレーしました。結果はベスト8。アクシデントがあった割にはまあまあの成績を収めることができました。全国で戦えるという確かな手応えをつかみ、みんな猛烈に練習するようになりました。

さらに上を目指すため、私は「中央突破」という新しい攻撃を考案しました。レフトの私がセンターに移動してスパイクを打つ戦法です。通常、センターには背の低いセッターが配置されており、そこを狙うことを思い付いたのです。市内や県内の大会で試してみると、案の

全日本高校選手権出場時、宿舎の庭でチームメートたちと（右から３人目）＝1955年、兵庫県姫路市

定、うまくいった。

当時は21ポイント制の3セットマッチ（2セット先取）でしたが、私一人で30ポイント以上取る試合もありました。鍛錬の成果を実感し、ますますやる気が湧いてきました。

練習試合で完敗喫す

9人制バレーボールが全盛だった頃は、屋外コートが当たり前でした。真っ黒に日焼けし、汗と土にまみれながらボールを追ったものです。

1956（昭和31）年、高校3年になると、夏の全日本高校選手権（インターハイの前身）に向け練習に拍車が掛かりました。前年のベスト8を上回るベスト4が目標でした。能代は全県大会を制し、2年連続で全国切符を手にしました。

本番の1カ月前、神奈川に遠征しました。優勝候補筆頭と目されていた藤沢（現・藤嶺学園藤沢高）と練習試合をするためです。校舎は高台にあり、コートが黒土だったのを覚えています。

藤沢は評判通りの実力でした。パワーあふれる攻撃に圧倒され、ストレート負けしました。こてんぱんにやられたという感じ。勝てる相手ではないと感じましたね。

高校選手権の開催地は愛媛県西条市。初戦の相手は高砂（兵庫）でした。接戦となり、

2―1で辛くも勝利しました。2回戦も敗者復活戦を勝ち上がってきた高砂と対戦し、2―1で競り勝ちました。

厳しい試合が続き、気持ちが落ち着きませんでしたが、3回戦でムードが変わりました。坂出商（香川）にストレート勝ちし、「これでいける」と感じたのです。準々決勝で崇徳（広島）を2―1で破り、目標のベスト4を達成しました。

最終日に準決勝と決勝が行われました。能代は準決勝第1試合で上田松尾（長野）と対戦し、2―0で快勝しました。でも、決勝進出を決めた後も優勝できるとは思わなかった。藤沢が勝ち残っていたからです。

ところが、藤沢は準決勝第2試合で前年度の覇者・琴丘《ことがおか》（兵庫）に苦戦します。

全日本高校選手権の高砂戦でスパイクを放つ＝1956年、愛媛県西条市

藤沢のストレート勝ちでしたが、2セットともシーソーゲームとなり、試合後の選手たちは疲れ切っていました。われわれは日陰で疲れを癒やしながら、この試合を観戦していました。

本命破り全国初制覇

1956（昭和31）年8月12日、快晴の暑い日でした。バレーボール男子の全日本高校選手権（愛媛県西条市）で決勝に進んだ能代は、初優勝を懸けて藤沢（現・藤嶺学園藤沢高、神奈川）と対戦しました。

決勝に先立つ準決勝を楽に勝つことができた能代は体力を温存できました。藤沢が準決勝を戦っている間も日陰で休息を取ることができました。一方、藤沢の選手たちはかなり体力を消耗していました。

それでも、大方は優勝候補の藤沢が勝つとみていたでしょう。私もその一人です。ひと月前の練習試合で1セットも取れずに敗れた相手でしたからね。

決勝は2千人の大観衆が見守る中、行われました。第1セットは白熱した展開となり、ジュースの末に能代が先取します。チームのムードが一気に盛り上がりました。私は仲間たちに「レシーブを頑張って、俺に上げろ」とハッパを掛けました。

第2セットも能代の勢いが藤沢を上回りました。私のスパイクが次々と決まり、終わってみれば2―0のストレート勝ち。初優勝が決まった瞬間は夢を見ているような気分でした。武田重蔵監督が涙を流して喜んでいるのに気付き、日本一になったんだと実感しました。

東北以北の学校が優勝するのは初めてで、翌日の新聞記事には「超高校級の菅原のスパイク」と書かれていました。

この夏、能代の体操部も全日本高校選手権で団体優勝を飾りました。既に何度も全国制覇を果たし、体操の名門として知られていました。OBの一人が、五輪の体操競技でメダリストとなった小

全日本高校選手権の表彰式で優勝旗を受け取る＝1956年、愛媛県西条市

野喬《たかし》さん（84）です。私の七つ上の先輩です。

小野さんは、私が高校選手権で全国制覇した年のメルボルン五輪で最初の金メダル（鉄棒）に輝きました。五輪の体操競技で日本人が初めて手にした金メダルでもありました。この年を含め、4度の五輪出場で五つの金メダルを獲得しています。

大勢の市民が出迎え

1956(昭和31)年、全日本高校選手権(インターハイの前身)の優勝旗を持ち帰った能代高バレーボール部を待っていたのは、熱烈な歓迎でした。能代駅に到着すると、大勢の市民が出迎えてくれました。ちょうちん行列で祝ってもらった。トラックの荷台に乗って市内をパレードし、実家のある向能代にも行きました。

能代高バレー部が全国制覇を果たしたのは、この時の1回だけです。翌年も後輩たちが全日本高校選手権で決勝に勝ち上がりましたが、惜しくも準優勝でした。

高3の秋の国体には出られませんでした。東北総体で開催地・宮城の高校に敗れたからです。反則をたくさん取られ、一方的な試合展開になってしまった。われわれは有頂天になっていたのかもしれません。

高校を卒業したら、地元に就職するつもりでした。うちは8人きょうだいで、下に妹が4人いました。大学に進学すれば家計の負担が大きいため、就職しようと考えたのです。勉強が嫌いだったこともあります。

全国優勝が大きな転機となりました。一躍、注目される選手になったのです。私は実業団でバレーを続けたいと思うようになりました。進路については、監督の武田重蔵先生に任せていたので詳しくは知りませんが、幾つかの大学や実業団から誘いがあったようです。

就職先に選んだのは東洋レーヨン（現東レ）です。武田先生の早稲田大バレー部時代の同期が東洋レーヨンバレー部（東レ九鱗《くりん》会）におり、その人から先生に電話があったそうです。

能代高バレー部から私を含め3人が東洋レーヨンに入りました。配属先は大津市の滋賀工場、東レ九鱗

能代駅前で出迎えた市民らと共に（前列左から4人目）

会の本拠地でした。父親からは「お前は次男だから家には戻れないぞ」と言われていました。就職して生活の基盤をつくることしか考えておらず、五輪に出ることなど頭の片隅にもありませんでした。

ズーズー弁笑われる

大津市にある東洋レーヨン（現東レ）滋賀工場は、琵琶湖に注ぐ瀬田川のすぐそばにありました。工場の周囲は4～5キロあり、朝起きて走るのにちょうどよかった。真言宗の古寺として知られる石山寺《いしやまでら》も近くにあり、石段でダッシュしたものです。

工場では化学繊維の糸を製造していました。私は総務部門に配属され、事務の仕事をしていました。バレーボール部（東レ九鱗《くりん》会）は午後5時の勤務終了後、3時間半練習をしました。

秋田との気候の違いに初めは慣れませんでした。特に夏の暑さがきつかった。寮生活をしていましたが、真冬でもパンツ一丁で寝ていました。管理人に驚かれましたね。言葉にも苦労しました。ズーズー弁しかしゃべれず、よく笑われたものです。プレーで負けなければいいと自分に言い聞かせ、仕事もバレーも黙々と取り組みました。

実業団バレーは当時まだ9人制でした。私はすぐにレギュラーに起用されました。ポジションは前衛のレフトです。前のシーズンで引退したベテラン選手の後釜でした。でも、高校出の選手がすぐに通用するほど甘くはありません。体力差をまざまざと見せつけられました。

早く実業団のレベルに追い付こうと、自主練習をすることにしました。始業前に1時間、昼休みに30分、チーム練習終了後に1時間の計2時間半です。それでも足りず、休日返上で練習に打ち込みました。

私の自主練習に付き合ってくれたのが、能代高から一緒に東洋レーヨンに入った鈴木捷徐《かつのり》君です。高校時代は主将で、レシーバーとして活躍しました。

あの頃の地道な努力があったから、今の私があると思っている。鈴木君には大変感謝しています。

東レ九鱗会のOB会で鈴木君(左)らと共に(中央)＝1991年

今も大切な友人です。鈴木君は大津市で元気に暮らしており、ちょくちょく電話をくれます。時折会う機会もあります。思い出話が尽きませんね。

ボール拾いに精出す

1958（昭和33）年、東京で第3回アジア競技大会が開かれました。64年夏季五輪の東京招致を目指して開催された大会で、男子バレーボールが正式競技に採用されました。女子バレーが加わったのは第4回大会（ジャカルタ）からです。

本番を前に、全日本男子の事前合宿が東洋レーヨン（現東レ）の滋賀工場（大津市）で行われました。東洋レーヨンに入って2年目の私は、もう1人の若手と共にボール拾いの手伝いをするよう命じられました。

日本のトップ選手を間近で観察できるいい機会でした。自分の練習にもなるようにと考えてボール拾いをしました。コートの後ろでレシーバーの動きに合わせて構え、飛んできたボールを素早く拾うようにしたのです。合宿期間中、走り回っていました。

最終日に全日本男子の長崎重芳監督から「よくボールを拾ってくれたな」と声を掛けられました。長崎監督は私といろいろ話をした後、主将と副主将を呼び、「この菅原、秋田の出身らしいぞ。レシーブ練習の相手をしてやれ」と言ってくれたのです。

全日本のトップ２人が練習相手を務めてくれることに感激し、無我夢中でレシーブし続けました。最後は気を失う寸前でした。長崎監督から「おまえ、なかなか元気があっていいな」と褒められました。

この時のアジア大会は６人制と９人制の２種目が行われ、いずれも日本が優勝しました。

同じ年、私は初めて全日本メンバーに選出され、60年の世界選手権（ブラジル）の代表になりました。チームを率いたのは長崎監督です。

後に聞いた話では、代表選考で長崎監督が「東レ（九鱗《くりん》会）に元気なやつがいるぞ」と私を推してく

東レ九鱗会の本拠地だった大津市。現役時代は琵琶湖のそばをランニングしていた（共同）

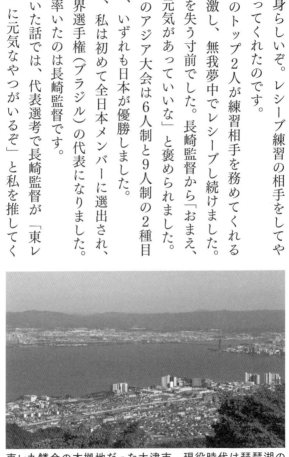

れたそうです。熱心にボール拾いをしたことがきっかけで、全日本入りの道が開けたと思っています。

傷心の世界デビュー

1960（昭和35）年、バレーボールの世界選手権がブラジルで開かれました。前年に初めて全日本入りした私も代表に名を連ねました。12人のメンバーの中で最年少の21歳でした。

日本が世界選手権に出場したのはこの時が初めてです。主将を務めたのは大館市出身の丸谷統男《むねお》さんでした。

〈丸谷統男さんは1932年生まれ。大館鳳鳴高—早稲田大—日本鋼管（現JFEグループ）でプレー。早大3年時に日本学生チャンピオンとして全米学生選手権に出場、9人制全盛時代の日本で初めて6人制の国際試合を体験した。58年アジア大会（東京）では日本の優勝に貢献した。2008年に76歳で死去〉

丸谷さんは同じ秋田県人の私をかわいがってくれました。チームメートには、後にペルー女子代表監督を務めた加藤明さんもいました。弱小のペルーを世界のトップレベルに導き、現地で国民的英雄となった方です。

世界選手権は6人制でした。強豪の共産圏の国々との力の差は歴然としていました。前年に64年夏季五輪の東京開催が決まり、日本でも国際式の6人制が徐々に普及していましたが、まだ9人制が主流でしたから。

反則の取り方も違っていました。オーバーハンドパスの場合、日本ではパシッと音をさせなければホールディングを取られた。それが世界では、音がするパスは全部ドリブルとされた。戸惑いましたね。

参加14カ国中、日本は8位。優勝はソ連でした。私も何試合か出ましたが、緊張でサーブが入らなかったり、スパイクを空振りしたりしました。散々でしたよ。

大会後、私は全日本メンバーから外れました。1年後に再び全日本入りした時、丸谷さんが自分のことのよう

ブラジルで開かれた世界選手権に共に出場した丸谷さん（左）、加藤さん（中央）と＝1960年

に喜んでくれました。「スガ、よくカムバックしたな。頑張っていたもんな」と声を掛けてもらった。うれしかったですね。

■東京五輪の夢つかむ

高かった世界の「壁」

1961（昭和36）年、1年間のブランクを経て全日本メンバーに復帰しました。この年、東レ九鱗《くりん》会（現東レアローズ）が全国タイトルを独占し、エースとしてチームを引っ張っていた私の活躍が認められたのです。

代表を一度外れるとカムバックできないのが普通でした。私も前年の世界選手権（ブラジル）直後に代表落ちし、「これからは会社のためにバレーを頑張ろう」と気持ちを切り替えていました。再び日の丸のユニホームを着られることに興奮しました。

62年にソ連で世界選手権が開かれました。日本は64年東京五輪を控え、6人制の強化を図っていました。ただ、私が代表を外れていた61年のソ連・東欧遠征は連戦連敗だったそうです。

男子が世界の「壁」に苦しむ一方で、全日本女子は確実に強くなっていた。60年の世界選手権で準優勝し、ソ連での世界選手権では優勝候補筆頭と目されていました。脚光を浴びる「東洋の魔女」の陰で、われわれは大きな重圧を感じていました。

男子は20カ国が出場し、日本は予選リーグでポーランド、東ドイツ、アルバニアと同組になりました。ポーランドはこの年、8戦して1度も勝てていない相手で、東ドイツとアルバニアについては全く情報がありませんでした。

初戦はアルバニアに3―0でストレート勝ちしました。ただ、次に対戦する東ドイツがポーランド相手に互角の戦いを演じるのを目の当たりにし、みんな意気消沈しました。東ドイツとポーランドに連敗すると、上位進出が断たれるからです。

チームを救ったのが、私が新たに編み出したサーブでした。普通はエンドラインの数メートル後ろから打つところを十数メートル下がって打ち、ネットの上すれすれを越えて相手コートに入るサーブです。無回転のため変

モスクワの「赤の広場」で＝1962年

化し、重かった。日本のメディアにより「木の葉落とし」と名付けられました。

「木の葉落とし」爆発

1962(昭和37)年にソ連で開かれたバレーボール世界選手権で、日本の男子は2年前の前回(8位)から順位を上げ、5位に食い込みました。

当時、男子は共産圏の国々が世界の上位を占めていました。日本は世界選手権の予選リーグで難敵のポーランド、東ドイツと同じ組になり、上位進出は厳しいとみられていた。チームには悲壮感が漂っていました。

ところが、現地入り後に私が編み出した新サーブ「木の葉落とし」が威力を発揮しました。エンドラインから十数メートル離れて打つ私のサーブは、滞空時間が通常の倍の4秒と長かった。外国選手のレシーブのタイミングがずれ、面白いようにエースが決まったのです。

当初、補欠要員だった私は急きょ先発に起用されます。当時、6人制の国際試合は15ポイント制の5セットマッチ(3セット先取)で、私は大会を通じサービスエースを25

本くらい取りました。オールラウンダーとしてアタッカーも務めました。

日本はアルバニアに続き、東ドイツとポーランドを連破し、予選リーグを1位通過しました。決勝リーグでも、過去に一度も勝ったことのなかったルーマニアやハンガリーを下し、優勝したソ連を相手にフルセットの大接戦を演じました。2年後の東京五輪に向け、光明が見えた5位でした。私は「サーブの菅原」として世界で知られるようになりました。

一方、女子は日本が前評判通りの実力を見せつけ、世界選手権初制覇を成し遂げました。男子も健闘したのに、国内では相変わらず女子ばかりが脚光を浴びていました。

東京五輪を翌年に控えた63年、東レ九《く》鱗《りん》会は黒鷲旗（全日本都市対抗優勝大

1963年の黒鷲旗（全日本都市対抗バレーボール優勝大会）で獲得した最高殊勲選手の額を手に＝2016年2月、静岡県長泉町の自宅

会）を制し、主将でエースの私が最高殊勲選手に選ばれました。ひそかに夢見てきた自国開催の五輪代表入りに大きく近づいたのです。

小野先輩、激励に来る

東京五輪のバレーボール男子日本代表が決まったのは、本番1カ月前の1964（昭和39）年9月でした。代表候補15人の中から私を含む12人が選ばれました。血のにじむような努力が実り、感無量でした。天にも昇るような気持ちでしたね。

最初は代表候補が50人ほどいましたが、合宿を重ね徐々に絞り込まれていきました。みんないつ自分が落とされるのかと不安に駆られていました。そんな時、激励に駆け付けてくれたのが、東京五輪日本選手団の主将を務めた小野喬《たかし》さんです。

〈小野喬さんは1931年、能代市生まれ。能代南高（現能代高）―東京教育大（現筑波大）―慶応大卒。旧制能代中で本格的に体操を始め、数々の全国タイトルを獲得。52年ヘルシンキ大会から4大会連続で五輪に出場し、計13個のメダル（金5、銀4、銅4）を獲得した。五輪のメダル総数では日本人最多。妻は秋田市出身の東京五輪体操女子団体銅メダリストで元参議院議員の清子さん〉

小野さんは能代高の七つ上の先輩です。慶大卒業後、東洋レーヨンに入りました。私と同じ57年入社で、最初の配属先も同じ大津市の滋賀工場でした。

大卒は入社後に1年間の地方研修があり、会社が小野さんの練習環境を考慮し、体育館のある滋賀工場に配置したのです。バレー部と同じ体育館で、小野さんは体操経験のある若手社員と一緒に練習をしていました。私と小野さんとの付き合いはここから始まりました。

バレーの代表候補合宿に小野さんが顔を出すと、みんな驚いていました。当時、既に五輪に3度出場し、10個以上のメダルを獲得していた。知らない人はいませんでした。サインをもらってくれと頼まれましたよ。

小野さんは監督に「高校の後輩の菅原君

東京五輪本番を目前にトレーニングに励む＝1964年、神奈川県箱根町

を見に来た」とあいさつしていました。大先輩の激励はとても心強く、励みになりました。

秋晴れの下、五輪開幕

東京五輪を迎えたのは25歳の時でした。私の選手生活において、体力、技術、精神力全ての面でピークでした。

日本代表に選ばれてから本番までの2カ月間、五輪のことしか頭になかった。外国人との体力差を埋めるために筋力トレーニングに打ち込み、胸囲が125センチ、腕回りは45センチにもなりました。勝ちたい一心で、死に物狂いで練習しました。

開幕直前に能代高バレーボール部時代の恩師、武田重蔵先生が選手村に激励に来てくれました。日本選手団の主将で選手宣誓も務める能代高の先輩、小野喬《たかし》さんを誘い、3人で話をしました。

でも、武田先生はすぐに帰りました。その時は遠慮したのかなと思いましたが、後に武田先生にお会いした時、「菅原君の目がギラギラと殺気立っていたので早々に帰った」と聞かされました。

1964（昭和39）年10月10日、東京五輪が開幕しました。爽やかな秋晴れの下、国立競技場で開会式が行われ、私も日本選手団の一員として参列しました。大観衆の視線を浴びながらの入場行進は、雲の上を歩いているような気分でしたね。聖火の最終ランナーが聖火台に続く階段を上り切り、無事に点火した時、ほっとしました。

開会式が終盤を迎え、いよいよ小野さんが選手宣誓をする時がやってきました。世界が注目する中、落ち着いて堂々と誓いの言葉を述べた。その姿は今も脳裏に焼き付いています。同じ秋田県人、同じ高校の出身であることがとても誇らしかった。

大勢の外国選手団を目の前に

東京五輪選手村で恩師の武田先生（右）、能代高の先輩の小野さん（左）と

して、これから国の威信を懸けた戦いが始まるのだと思うと胸が高鳴りました。

先の戦争の敗戦から19年しかたっていませんでした。五輪は日本の戦後復興を海外にアピールする絶好の機会でもありました。私も日本の底力を世界に示したいと、静かに闘志を燃やしていました。

メダル遠のく2連敗

1964（昭和39）年の東京五輪での私の役回りは主にピンチサーバーでした。2年前の世界選手権（ソ連）で日本躍進の原動力となったサーブ「木の葉落とし」は外国チームから研究されていましたが、まだ十分に有効でした。

東レ九鱗会《くりんかい》（現東レアローズ）でエースとして活躍していた私が主力から外れたのは、高さがなかったからです。日本代表12人の中で身長が最も低かったのは、主将でセッターだった175センチの出町豊さん。私は次に低い177センチで、チーム一の長身アタッカー南将之君（196センチ）より20センチ近く低かった。私はサーブとレシーブの良さを買われ、代表に選ばれたわけです。

チームのまとめ役でもありました。年齢は上から3番目の25歳でしたが、年上の出町さん（29歳）と小山勉さん（28歳）はそういうタイプではありませんでした。私は「やるぞ」と大きな声を出して走り回りました。ムードを盛り上げ、若い選手を引っ張っていった。出町さんも随分と私を頼りにしてくれましたね。

男子のバレーボール競技は10月13日に始まり、10カ国による総当たり戦でメダルが争われました。6カ国が出場した女子は、大松博文監督率いる日本が金の大本命でした。男子も前年のプレ五輪大会で強敵ソ連を破り、国民の期待が高まっていました。われわれも本番前は「金メダルを取る」と公言していた。でも、実際はソ連や東欧相手に全勝するのは難しく、内心では「銅メダルでも取れればいい」と思っていました。

初戦は韓国と対戦しました。第1セットは苦戦しジュースにもつれ込みますが、3―0のストレート勝ちでした。しかし、第2戦でハンガリーに0―3、第3戦でチェコスロバキアに1―3と痛恨の連

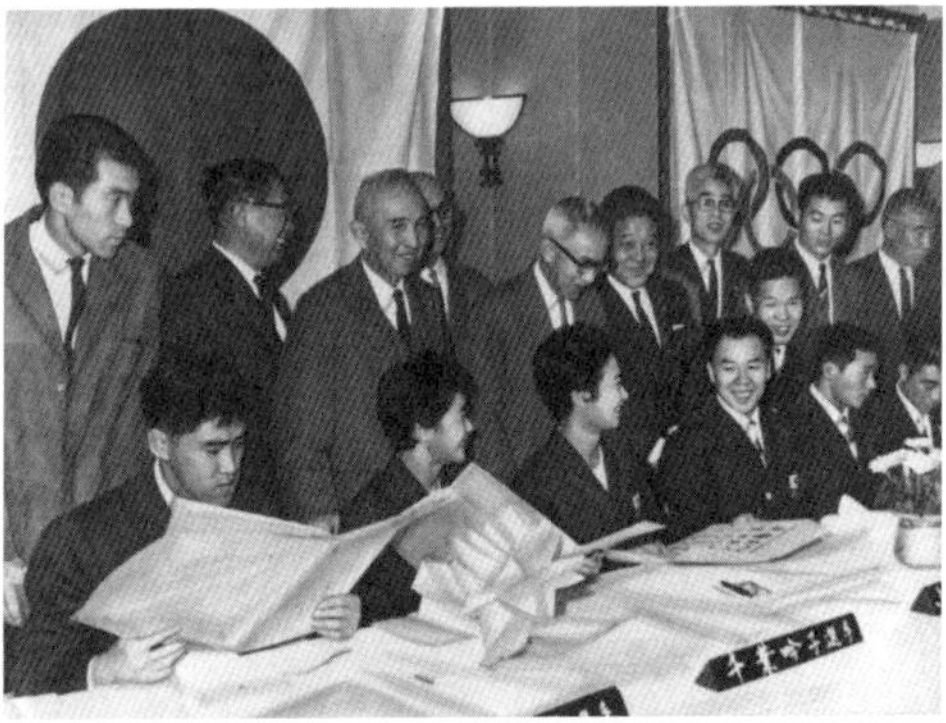
東京五輪に出場する県出身選手の激励会に出席して（後列左端）＝1964年、都内

敗を喫します。まだ前半戦なのに、メダル獲得にはもう1敗もできない状況に追い込まれてしまいました。

土壇場でソ連を破る

全9試合中、3試合を終え1勝2敗。東京五輪のバレーボール男子日本代表の出だしは最悪でした。

自国開催の五輪は、やはり特別でした。実業団の大会でも満員になることはありましたが、五輪の盛り上がりは異様でした。これが日の丸の重みなんだと実感しましたね。

第2戦のハンガリー戦は、プレッシャーで硬くなっていた。後に控えるチェコスロバキア、ソ連、ルーマニアなど強豪との試合を考えると、絶対に落とせない一戦だったからです。

ハンガリーは2年前の世界選手権で勝った相手で自信はあったのですが、日本はミスを連発し自滅します。第3戦のチェコスロバキア戦も本来の力を出し切れず敗れました。劣勢になると、観客席から「菅原を出せーっ」という声が飛んできました。私のサーブで流れを変えることを期待したのだと思います。

金メダルはもはや絶望的でした。銅メダルを目指すにも、もう負けの許されない崖っぷちに立たされていました。坂上光男監督は「とにかくいい試合をしよう」と選手たちを励ましていました。

ソ連やルーマニアとの対戦を残していたので、みんな諦め半分でした。それが逆に良かったのかもしれません。いい意味で開き直ってプレーできた。ブルガリア、米国を連破し、3勝2敗でソ連戦を迎えました。

第1セット、7—14とソ連に大きくリードされた場面で「菅原」コールが起きました。私がコートに入り、相手のエースのスパイクを立て続けに拾うと流れは一変し、一時は同点に追い付きました。結果的にこのセットを落としたものの、日本のムードはすごく良くなった。

東京五輪のブラジル戦で相手のスパイクをレシーブする(右)＝東京・駒沢屋内球技場

第2セット以降は完全に日本ペースでした。最後はソ連が自ら崩れてくれた。3―1で勝利した瞬間は、夢を見ているようでした。まさかソ連に勝てるとは思っていませんでしたから。

観客席にメダル放る

バレーボール男子の日本は優勝候補のソ連を破り、さらに勢いづきました。ブラジル戦をフルセットの末に制し、ソ連と並ぶ強豪のルーマニアにはストレート勝ちを収めます。

全9試合中、8試合を終えて6勝2敗。最終のオランダ戦で1セットを取れば、3位以内が確定する状況でした。前半戦で1勝2敗とスタートダッシュに失敗しながら、奇跡的な5連勝で巻き返したのです。

東京五輪バレー競技最終日の1964（昭和39）年10月23日。われわれは自信を持ってオランダ戦に臨み、3—1で勝利し銅メダルを手にしました。自国開催の五輪を有終の美で飾ることができました。

ゲームセットの瞬間は、喜びよりも安堵《あんど》の気持ちの方が強かったですね。プレッシャーから解放され、全てが終わったような感じでした。それだけ東京五輪に懸けていた。

私の銅メダルは一部が破損しています。首に掛けるリボンを通すリングの金具が取れてしまったのです。これには理由があります。

オランダ戦後、表彰式を終えて会場を後にする時、通路を取り囲んだ観衆から「メダルを見せてーっ」という声が聞こえてきました。私は首からメダルを外し、観客席に放り投げました。みんなで取った銅メダルであり、自分一人だけのものではないと思っていましたから。

後で控室に私のメダルが戻ってきました。メダルとリングとリボンがバラバラになっていました。リングの部分は糸で補修したままです。でも、思い出が刻まれていると思えば気になりません。今は手元に置いてありますが、東京五輪後から約50年間、郷里の能代市総合体育館に飾ってもらっていました。

東京五輪の銅メダルとケース

五輪当時は金メダルじゃないと意味がないと思っていた。でも、いまだに五輪メダリストと称されるのは、あの時取った銅メダルのおかげです。

案内なかった祝賀会

1964（昭和39）年の東京五輪で、バレーボール女子日本代表の金メダル獲得はハイライトの一つでした。6カ国の総当たり戦で、日本は5戦全勝。ポーランド戦で1セットを失った以外、全て3―0のストレート勝ちでした。

全勝同士の対決となった最終のソ連戦は、男子が銅メダルを決めた日と同じ10月23日の夜に行われました。試合はテレビで生中継され、国内の平均視聴率66・8％を記録しました。「東洋の魔女」に日本中が熱狂したのです。

翌日、日本バレーボール協会主催の祝賀会が開かれました。でも、男子には事前の案内がなかった。金メダルを取った女子にばかり気を取られ、男子に知らせるのを忘れたようです。

祝賀会が始まる頃に連絡が来ましたが、男子のメンバーは自宅に戻っていました。電話を受けた男子コーチの松平康隆さんは「行けるわけがないじゃないか」と激怒したのです。

〈松平康隆さん（１９３０～２０１１年）は東京都生まれ。慶応大―日本鋼管（現ＪＦＥグループ）でプレー。１９６５年から全日本男子の監督を務め、68年メキシコ五輪で銀、72年ミュンヘン五輪で金。日本協会会長のほか、国際バレーボール連盟副会長、アジア連盟会長も長く務めた。98年に日本人で初めてバレー殿堂入りした〉

松平さんは祝賀会の連絡を受けた時「負けてたまるか」と思ったそうです。悔しさをばねに、ミュンヘン五輪で悲願の金メダル獲得を果たします。

後日、祝賀会のいきさつを聞いたチームメートたちも憤慨していました。でも、私は祝賀会に出なくて良かったと思っています。女子の陰で小さくなっているのは嫌だったからね。

ソ連を破り優勝を決めて喜ぶバレーボール女子日本代表＝東京・駒沢屋内球技場（共同）

東京五輪終了後、松平さんから全日本男子のコーチ就任を打診されましたが、断りました。まだ現役を続け、東レ九鱗《くりん》会（現東レアローズ）に恩返しがしたかったからです。

■引退後は熱血指導者

結婚後、チームに危機

東京五輪の翌月の1964（昭和39）年11月、職場（東洋レーヨン滋賀工場）で知り合った妻の純子と結婚しました。妻は島根県安来《やすぎ》市出身で、私より4歳下です。

大津市の琵琶湖ホテルで披露宴を開きました。五輪の慰労パーティーも兼ね、東レ九《く》鱗《りん》会（現東レアローズ）の仲間や会社の人が集まってくれた。私は五輪選手団の公式の制服をお披露目しました。

この時、バレーボール部の本拠地が12月1日付で三島工場（静岡県三島市）に移転することが決まっていました。

当時、大津を本拠地とする東洋レーヨンの運動部が三つ（バレー、柔道、野球）ありました。大会が重なると各部の部員が多い事務系職場がガラガラになってしまう。それを解消するために三つの部を分散することにしたのです。私も7年余り勤めた滋賀工場から三島工場に異動することになりました。

東京五輪の後、私は全日本メンバーから外れました。これからは会社のために頑張ろうと考えていた矢先、運動部の分散どころかチームの存続自体が危機を迎えます。会社の経営判断もあったのでしょう、65年1月から1年間、運動部が活動を休止することになったのです。

バレー部では他の実業団に移ったり、競技を引退したりする部員がいた。一時は選手が7、8人まで減りました。私にもサントリーやNECから移籍の声が掛かりました。

でも、私は東洋レーヨンに残ることにしました。当時、チームの主将でしたが、実質的に監督のような立場でスカウトにも関わっていました。私が引っ張ってきた高卒の選手が5、6人残っており、自分だけ

結婚披露宴で妻純子と＝1964年11月、大津市の琵琶湖ホテル

が移籍するわけにはいきませんでした。

野球部と柔道部はすぐに廃部になりました。支える人がいなかったのです。バレー部も厳しい状況に変わりはなかったが、何とか踏ん張った。あそこでつぶれていたら、今の東レアローズはなかったと思います。

増田高の加藤君発掘

1964（昭和39）年12月、東レ九鱗《くりん》会（現東レアローズ）は本拠地を大津市から静岡県三島市に移しました。翌月から1年間、活動が休止になったことで数人の部員が去り、チームは弱体化しました。高校や大学も選手を送り込んでくれなくなりました。67年に日本リーグが創設されましたが、東レ九鱗会は2部（実業団リーグ）からのスタートでした。翌68年、私は選手を兼ねた監督に就任し、チームの再建に取り組むことになりました。29歳の時です。

新戦力を求め、各地の大学や高校の大会に視察に出掛けました。70年に増田高校から入社した加藤和悦君＝稲川町(現湯沢市)出身＝は私がスカウトしました。身長は181センチとさほど高くありませんでしたが、手の大きなアタッカーでした。

スパイクが強烈でした。初めて練習を見た時、勢い余ってボールがコートを大きく越えていくこともありました。「コート内に入るようになれば、すごい選手になるな」と直感しました。

加藤君はアキレス腱《けん》を切る大けがをしましたが、人一倍努力してチームの主力に成長しました。72年ミュンヘン五輪で金メダルを獲得した2歳上の深尾吉英君（滋賀県出身）と共に、75年の日本リーグ昇格に貢献してくれた。東レアローズの礎を築いた世代ですね。

加藤君は現役引退後、料理の道に進みます。会社の派遣でパリで2年間修業し、帰国後、関連会社のホテルでコック長を務めました。居を構えたのは勤務地だった愛知県知立《ちりゅう》市でした。

51歳で独立し、調理システム関連の事業を興しましたが、昨年2月、肝臓がんのため他界しました。63歳の早過ぎる死にショックを受けました。

加藤君（後列左から４人目）ら東レ九鱗会のメンバーと（前列左端）＝1973 年、大分県佐伯市

昨年5月、加藤君が眠る古里稲川の墓を訪ね冥福を祈りました。人懐っこい笑顔がまぶたに浮かびました。

バレー離れ子会社に

現役を引退したのは1976(昭和51)年、37歳の時です。東レ九鱗《くりん》会(現東レアローズ)はその前年に日本リーグ昇格を果たしましたが、私は無理をし過ぎて体を壊し、チームを離れていました。

7年ほど選手兼任監督を務めていましたが、心身共に限界でした。東雲《しののめ》中学校でバレーボールを始めてから25年。これほど長くプレーするとは考えてもいませんでした。

家を建てたのも37歳の時でした。チームが本拠地を置く静岡県三島市の隣の長泉町に土地を求めました。それまでは東レ三島工場近くの社宅に住んでいましたが、病気療養中にふと「自分のすみかぐらいは建てなきゃなあ」と思ったのです。

体調が戻ると、監督代行として復帰しますが、38歳の時に指導者も退きました。チーム力が安定したのを見届け、バレーからすっぱりと身を引くことにしたのです。会社からスイミングクラブやホテルを運営する子会社(東レエンタープライズ)への出向を打診され、二つ返事で引き受けました。

　都内にアパートを借り単身赴任しました。スイミングクラブ（埼玉県所沢市）の開設準備に携わり、オープン後は所長を務めました。会員の希望者が殺到し、1年目から計画の200％の売り上げを達成した。やりがいのある仕事でした。

　バレーを離れて1年ほどたった頃、日本バレーボール協会の役員を務めていた松平康隆さんに呼ばれました。全日本ジュニア男子のコーチ就任を要請されたのです。当時のジュニアは川合俊一、熊田康則、井上謙、田中直樹ら大型選手がそろっていた。72年ミュンヘン五輪で金メダルに輝いた大古誠司や横田忠義ら以来の期待の世代でした。

　松平さんから「この選手たちを育てられるのは、スガ、お前しかいない」と口説かれた。私は再びバレーの世界に戻ることになりました。

全日本ジュニア男子監督時代に松平康隆さん（左）と

人気者の鼻っ柱折る

1978（昭和53）年、20歳以下の全日本ジュニア男子のコーチに就任しました。チームは合宿や大会、遠征に合わせて招集されるため、普段は東レ傘下のスイミングクラブで仕事をしていました。

2年ほどコーチを務めた後、監督になりました。それまでは高校の指導者が監督をしていましたが、日本バレーボール協会が五輪選手の育成に力を入れるため、私を起用したのです。

当時は男子バレーのブームで、川合俊一や熊田康則らは人気者でした。前全日本女子監督の真鍋政義もいました。有頂天になっていたので、鼻っ柱をへし折るくらいの気持ちで厳しく指導した。日本人としての礼儀もたたき込みました。

ジュニアでは大きい選手をそろえ、勝つことよりも鍛えることに重点を置きました。将来の全日本を担う人材を育てるためでした。全日本男子の南部正司前監督や、昨年の参院選で当選した朝日健太郎もジュニア時代の教え子です。85年に総監督となり、ユースや中学選抜の監督も務めました。コーチ時代から数え、13年間にわたりジュニアの指導に携わりました。

東レ九鱗《くりん》会（現東レアローズ）の監督時代、日本協会から東北の高校の有望選手を集めた合宿に派遣され、指導したことがありました。その時、私が高校生に話した言葉を集めた小文があります。バレーに打ち込むことは人間形成につながるというメッセージです。合宿を手伝っていた山形県の元高校長、山口信好さんが「バレーボールは人間をつくる」と題し、一枚の紙にまとめてくれたものです。

かつて教えた高校生の中にはバレーの指導者になった人もいます。講習会で久々に再会した時、あの紙が部室や生徒

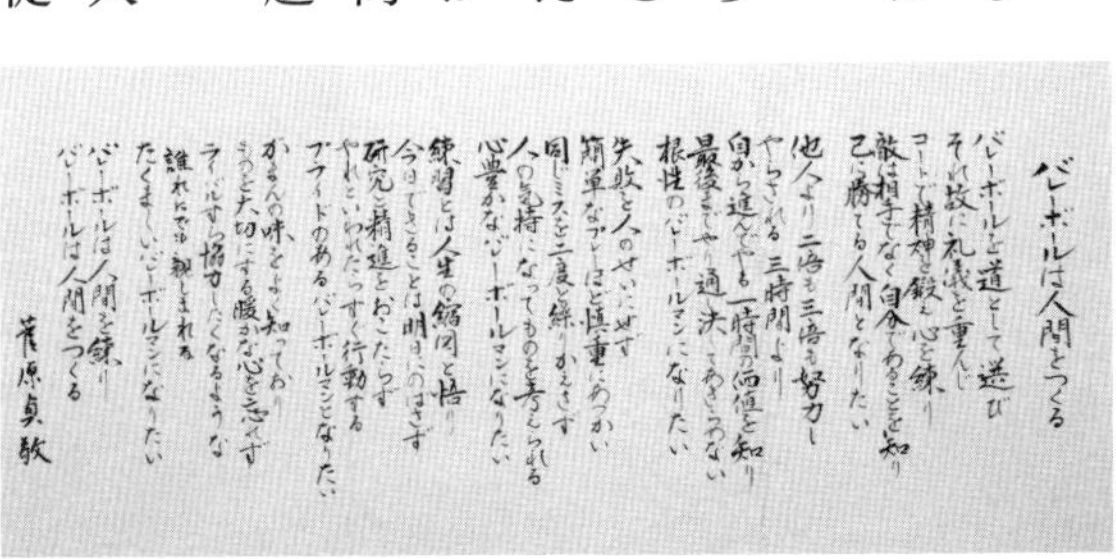
バレーボールは人間をつくる
バレーボールを道として選び
それ故に礼儀を重んじ
コートで精神を鍛え心を練り
敵は相手でなく自分であることを知り
己に勝てる人間となりたい
他人より二倍も三倍も努力し
やらされる三時間より
自から進んでやる一時間の価値を知り
最後までやり通す決してあきらめない
根性のバレーボールマンになりたい
失敗を人のせいにせず
簡単なプレーほど慎重にあつかい
同じミスを二度と繰りかえさず
人の気持になってものを考えられる
心豊かなバレーボールマンになりたい
練習とは人生の縮図と悟り
今日できることは明日にのばさず
研究と精進をおこたらず
やれといわれたらすぐ行動する
プライドのあるバレーボールマンとなりたい
かあさんの味をよく知っており
それを大切にする暖かな心を忘れず
ライバルすら協力したくなるような
誰れにでも親しまれる
たくましいバレーボールマンになりたい
バレーボールは人間を練り
バレーボールは人間をつくる
菅原貞敬

高校生に話した言葉を集めた小文「バレーボールは人間をつくる」

の自室に貼られていると聞きました。今も子どもたちの役に立っているとすれば、これほど嬉しいことはありません。

バレーボールは人間をつくる

バレーボールを道として選び
それ故に礼儀を重んじ
コートで精神を鍛え心を練り
敵は相手でなく自分であることを知り
己に勝てる人間となりたい

他人より二倍も三倍も努力し

やらされる三時間より
自から進んでやる一時間の価値を知り
最後までやり通し決してあきらめない
根性のバレーボールマンになりたい

失敗を人のせいにせず
簡単なプレーほど慎重にあつかい
同じミスを二度と繰りかえさず
人の気持になってものを考えられる
心豊かなバレーボールマンになりたい

練習とは人生の縮図と悟り
今日できることは明日にのばさず

研究と精進をおこたらず
やれといわれたらすぐ行動する
プライドのあるバレーボールマンになりたい

がまんの味をよく知っており
ものを大切にする暖かな心を忘れず
ライバルすら協力したくなるような
誰れにでも親しまれる
たくましいんバレーボールマンになりたい

バレーボールは人間を練り
バレーボールは人間をつくる

菅原　貞敬

■海越えて代表監督に

中東からラブコール

私は1991（平成3）年から1年間、ペルシャ湾沿岸のアラブ首長国連邦（UAE）のバレーボール男子代表監督を務めました。

90年にタイのバンコクでジュニアのアジア選手権が開かれました。当時、私は全日本ジュニア男子の総監督でした。試合会場でUAEバレーボール協会のユセフ・アルムーラ専務理事に会った際、UAEの男子代表監督を引き受けてほしいとお願いされたのです。

アルムーラ氏とは旧知の間柄で私の指導力を評価してくれていました。過去にも4回、同様の要請を断っていました。私は「自分だけじゃ判断できない。日本バレーボール協会の松平康隆会長に聞いてくれ」と答えました。

アルムーラ氏の話を聞いた松平会長から「おまえ、5回も要請されたんだって。受けてやったらどうだ」と言われました。当時、松平会長はアジアバレーボール連盟の会長で、国際連盟の会長の座も狙っていました。アラブ諸国の支持を取り付けたい考えもあったと思います。結局、松平会長が東レの社長に直談判し、私のUAE派遣の了解を取り付けたのでした。

91年といえば、イラクのクウェート侵攻に端を発した湾岸戦争があった年です。私がUAEに行ったのは戦争が終結して間もない頃。ペルシャ湾越しに見えるクウェートでは、イラクが火を放った油井がまだ燃え続け、煙が立ち上っていました。

私が住んだのは中東屈指の大都市ドバイのハイアットリージェンシーです。ショッピングセンターとホテル、マンション、オフィスが一体となった複合施設で、スケートリンクもありました。

家賃は月約45万円と高額でしたが、UAEの協会が全額出してくれました。日本の

ドバイのハイアットリージェンシー前で妻の純子と＝1991年

商社の現地法人の社長も住んでいた。一人で住むにはもったいない部屋でしたね。

日本流でチーム強化

私がアラブ首長国連邦（UAE）の男子代表監督に招かれた1991（平成3）年当時、ドバイには高層ビルが数えるほどしかありませんでした。現地の人たちは「ここにニューヨークを造る」と豪語していました。夢物語のように受け止めていましたが、テレビで見る現在のドバイの街はニューヨークに近づいていると思います。

食事は自炊でした。週に一度リュックサックをしょって、市場に食料品の買い出しに出掛けました。運動がてら、ペルシャ湾のほとりを片道40分ほど歩いて行くのです。単身赴任生活が長かったので苦ではなかった。得意料理は野菜炒め、ご飯はレトルトパックが重宝でした。食べ物に執着がないので特に困りませんでした。

UAEには男子のバレーボールのクラブチームが四つありました。それぞれ立派な体育館を持っていた。夕方でも気温が40度ぐらいありましたが、裕福な産油国なのでクーラーでガンガン冷やしていました。

環境はいいのにバレーのレベルは大したことがなかった。最初の合宿に来た選手は2、3人だけ。日本から来た新監督を恐れていたようです。私をスカウトしたUAE協会のユセフ・アルムーラ専務理事からは「甘やかされて育った選手を教育してほしい」とお願いされました。

選手は仕事を持っており、勤めが終わった後に練習をしました。平日は2、3時間ほど。なるべく日本流の練習を取り入れました。監督任期が限られる中、チームを強くするには厳しい練習をするしかないからです。

しつけもビシッとやった。3カ月ほどたったら、時間やルールを守るようになりました。整列や練習

高層ビルが立ち並ぶドバイの街並み＝2010年（共同）

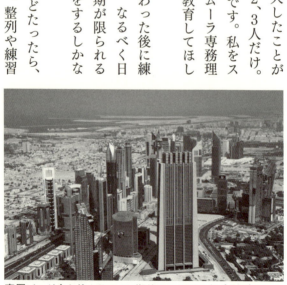

後の後片付けもてきぱきとやるようになりました。

ただ、コミュニケーションには苦労しましたね。マネジャーが英語を少しだけ話せたので、私が英単語を並べて何とかやりとりしました。

イスラムの世界知る

アラブ首長国連邦（ＵＡＥ）での生活は、カルチャーショックの連続でした。ＵＡＥは裕福な産油国です。国民同士が結婚すると、土地がただでもらえ、お祝い金も支給されます。

一夫多妻制で、イスラム教徒の男性は妻を４人までめとることができます。ただ、妻の実家の面倒も見なければならない。貧しい家の娘をもらうのは、人助けの意味があると聞きました。

驚いたのは結婚披露宴の習慣です。選手の披露宴に何度か招かれましたが、出席者は全員男性でした。新郎はいるが、新婦の姿はない。新婦は別の会場で女性だけを招き、披露宴を行うのです。

ひげをはやし、白の民族衣装を着た男たちが居並び、素手で料理を食べる。イスラム教の教えにのっとった儀式なのでしょうが、異様な雰囲気でしたね。

選手の家に遊びに行った時も母親は出てきませんでした。女子のバレーボールは、男性に見られないように完全に隔離された環境で行われていると聞きました。

ＵＡＥ男子代表は、私が指導した1年間で少しは強くなりました。強豪のイランには歯が立ちませんでしたが、サウジアラビアやバーレーン、カタールなどペルシャ湾岸の国々には勝っていました。今はまた弱くなってしまったのが残念です。

1年間の任期を終え、1992（平成4）年に帰国しました。ＵＡＥの協会からは「あと2年いてくれ」と要請されましたが、勘弁してもらいました。日中は暑すぎて外を歩けないし、イスラムのしきたりの中で暮らすのは窮屈だった。ただ、イスラムの世界を知ることができたのはいい経験でした。

アラブ首長国連邦（UAE）男子代表の選手を指導する（左）

もう海外で生活をすることはないと思っていました。ところが、この3年後、再び海外のナショナルチームで監督を務めることになります。行き先はアフリカのケニアでした。

ケニア女子を率いる

1995（平成7）年11月、ケニア女子代表チームの監督に就任しました。アラブ首長国連邦（UAE）の男子代表監督を引き受けた時と同様、日本バレーボール協会の松平康隆会長から要請がありました。

チームに合流したのは成田空港です。日本で開催されるワールドカップに出場するために来日した時です。ケニアはアフリカで1、2位を争っていましたが、日本の高校生のトップクラスには及ばないレベルでした。

現地に赴いたのは翌12月です。スポーツ専門家を海外に派遣する国際交流基金の事業の一環で、ナイロビの日本大使館に籍を置きました。ケニア人はスワヒリ語の他に英語も話せるので、私は英単語を並べてやりとりしながら指導しました。

ケニアでは、バレーは人気のスポーツでした。代表チームの監督となるとかなりの有名人で、新聞やテレビで毎日のように取り上げられました。

選手は四つの実業団チーム（郵便局、鉄道、銀行、石油パイプライン）に所属していました。ほとんどは既婚者でした。貧しい家庭の人が多く、「子どもに飲ませるミルク代を貸してほしい」とよく頼まれました。たいていは返ってこなかった。

練習環境も劣悪でした。屋外コートでの練習がほとんどで、代表チームでも大会の1週間くらい前にならないと体育館を使うことができませんでした。

練習の手当（1回約500円）が支給されないことに抗議し、選手がストライキを起こしたこともありました。みんなに頼まれ、取材に来たテレビ局のカメラの前で「選手たちに手当を支払って

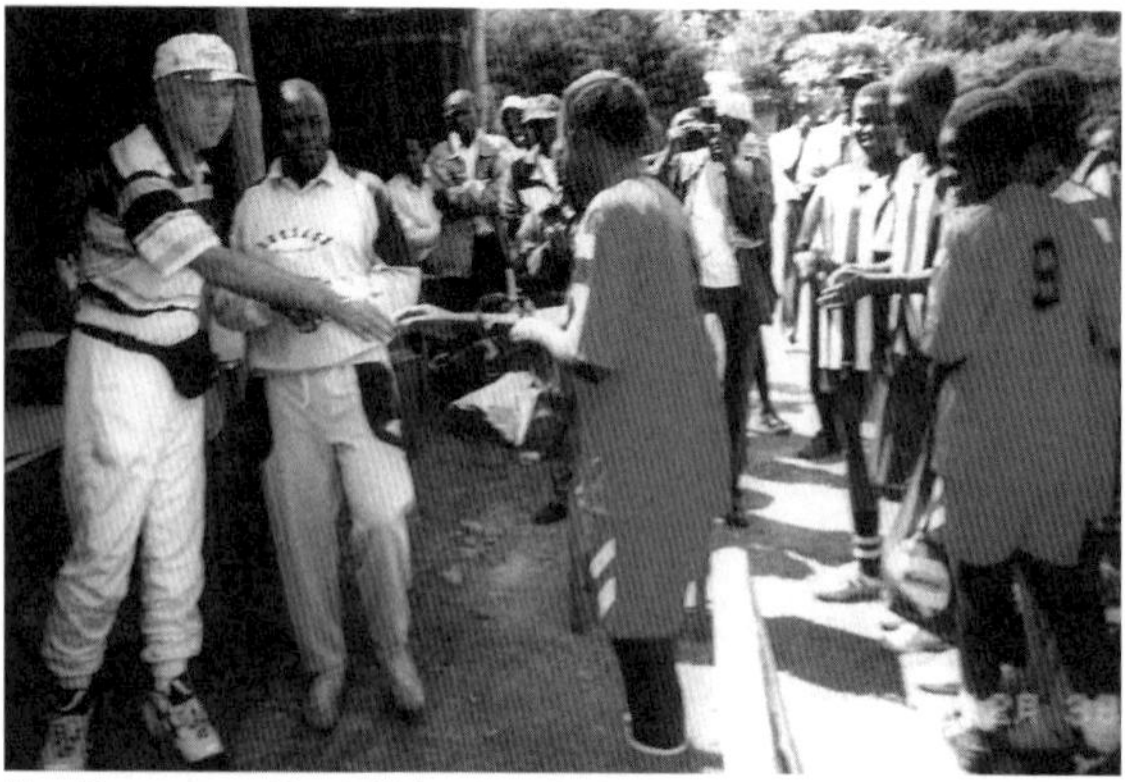

「スガワラカップ」と銘打った大会でケニアの高校生に賞品を手渡す（左端）＝1996年

やってくれ」と訴えたこともあった。

高校生を対象に「スガワラカップ」と銘打った大会を開き、バレーの普及も図りました。新品のボール、日本のママさんバレーチームから提供された古着やシューズが賞品です。大変喜ばれましたね。

ＩＯＣ会長に抗議文

ケニア女子代表の監督として最初に目指したのは、１９９６（平成８）年のアトランタ五輪出場でした。アフリカではトップ争いをしていたので、予選を勝ち抜く自信はありました。

ところが、思いも寄らぬ事態が待っていました。欧州予選でドイツに敗れ五輪出場を逃した強豪のロシアが、アフリカ予選に加わることになったのです。

予選の開催国は政情不安のナイジェリア。多くの国が出場を見送り、エントリーしたのはケニアを含む３カ国だけでした。国際バレーボール連盟（ＦＩＶＢ）が予選は４カ国以上でなければ認めないとして、ロシアを加えることにしたのです。

ＦＩＶＢに理由を尋ねたら、「ロシアはアフリカに近い」との答えが返ってきた。これには憤慨しました。五輪は五大陸の大会なんですから。私は英語の抗議文を作成し、ＦＩＶＢはもちろんのこと、国際オリンピック委員会（ＩＯＣ）のサマランチ会長、アトランタ市長、ホワイトハウス、日本オリンピック委員会にも送付しました。

外国メディアにも文書を送る準備をしていましたが、日本協会から「もう騒ぐのはやめてくれ」と連絡が入りました。FIVBのアコスタ会長がIOCのサマランチ会長から苦言を呈されたそうです。

事態は変わらないと思い、矛を収めました。私の抗議を快く思わない人から危害を加えられる恐怖も感じました。

ケニアは予選の決勝でロシアにストレート負けしました。ロシアはアトランタ五輪にアフリカ代表として出場しましたが、4位に終わりました。

本来であれば、ロシアはアフリカ予選ではなく、東京開催の最終予選に回るのが筋でした。最終予選には

アトランタ五輪の開会式に入場した（左から）サマランチIOC会長、クリントン米大統領ら＝1996年（共同）

日本も出場予定でした。ＦＩＶＢに影響力のあるロシアや日本への配慮があったとの見方もあります。ただ、次からはおかしな事はなくなりました。

監督でも五輪を経験

１９９５年から２００６年にかけ、ケニア女子代表の監督を三度務めました。二度目は２０００年5月に就任し、その年の秋に開かれたシドニー五輪で采配を振るいました。女子バレーボールではアフリカ勢初の五輪出場でした。

二度目の監督就任要請があったのはシドニー五輪前年の１９９９年11月です。私は当時、２０００年の富山国体に向け、富山県勢の強化に当たっていた。「今の仕事を放り出せない」と当初は断りました。

チームはデモシュというケニア人監督の下、アフリカ予選を突破し、五輪出場権を獲得していました。それでも、本番では私に指揮を執ってほしいというのです。デモシュ本人からも「監督をやってくれ」と頼まれた。ケニア側の熱意に負け、引き受けることにしました。

チームに合流し、すぐに取り掛かったのが精神面の改革です。体が痛いと言ってはすぐ練習を休む選手たちを「五輪は甘くない」と叱咤《しった》し続けました。練習時間も2倍にしました。

目標はベスト8でしたが、世界との差はやはり大きかった。予選リーグはブラジル、米国、中国といった強豪と同組となり、5戦全敗でした。それでも、オーストラリアとクロアチアから1セットずつ奪い、一矢報いることができました。

日本の男女はそろって予選で敗れ、出場できませんでした。日本人でシドニー五輪のバレーボール競技の舞台に立てたのは私だけで貴重な経験でした。

シドニー五輪のオーストラリア戦で観客の声援に応える（中央）＝2000年

帰国後、能代高校の同期生らがケニア女子チームを支援する会を結成し、５００万円を超える寄付を集めてくれました。

チームは当時、海外遠征費を上部団体役員に着服されるなどして資金難に陥り、練習もままならなかった。見かねた旧友たちが支援に立ち上がってくれたのです。大切な寄付金はボール購入費や遠征費に使わせてもらいました。古里のありがたみが身に染みましたね。

■まだ続くバレー人生

国体で古里に恩返し

1997年に東レを退社しました。58歳の時です。2000年に国体開催を控えた富山県の強化アドバイザーに就任するためでした。

富山では単身赴任でした。日本カーバイド工業（魚津市）の男子バレーボール部監督を兼務しながら、少年と成年両方の強化を担当しました。4年間の任期中、ケニア女子チームを率いてシドニー五輪に出場するため富山を離れた時期もありましたが、国体本番ではバレーボール競技で総合優勝を飾ることができました。

国体とは縁があるんです。山形県や香川県でも地元国体に向けた強化の手伝いをした。優勝請負人のように言われましたが、自分からやらせてくれと言ったことは一度もありません。富山は斎藤勝さん、香川は小山勉さんが前任のアドバイザーでした。ともに全日本男子の監督を経験した大先輩で、私を後任に指名したのです。

05年4月には、07年秋田わか杉国体の強化アドバイザーに就任しました。1961

（昭和36）年の秋田国体では滋賀県代表（東レ九鱗《くりん》会）として出場し、6人制と9人制の両種目で優勝しました。古里への申し訳なさがずっと心に引っ掛かっていた。次に秋田で国体が開かれる時は古里に恩返ししたいと考えていました。

秋田でも単身赴任でした。秋田市保戸野のアパートに住み、県立体育館に机を置き、指導に歩きました。ただ、私には車の免許がありません。仕事が忙しくて免許を取る暇がなかったのです。静岡の自宅では妻の運転する車で送り迎えしてもらっています。

秋田で移動をサポートしてくれたのが、当時、県バレーボール協会の副会長を務めていた金田正さんです。能代高校バレー部の二つ上の先輩で、秋田市役所や三菱マテリアルのチーム

秋田わか杉国体の強化アドバイザーとして成年女子の選手を指導する＝2005年、秋田市の秋田経法大（現ノースアジア大）体育館

でプレーされた方です。おかげで精力的に県内を回ることができた。大変助かりました。

総合優勝果たし安堵

秋田わか杉国体（2007年）の強化アドバイザーに就任したのは05年4月、本番の2年半ほど前でした。もう1年早く秋田に行く予定でしたが、監督をしていた日立佐和（現日立リヴァーレ）がVリーグ（現プレミアリーグ）で低迷していたため、先延ばししてもらいました。

当時、国体のバレーボール競技は9人制が成年男女の2種目、6人制が成年男女と少年男女の4種目の合わせて6種目あり、私は主に成年の4種目を指導しました。

古里で開かれる国体なのでプレッシャーが大きかった。何が何でも競技別総合優勝を成し遂げなければと考えていました。でも成年は、9人制女子のTDK以外は選手を集めるのが大変でした。時間も足りなかった。

本番では予想外の展開が待っていました。少年男子の雄物川高校が初戦で敗れたのです。夏のインターハイで4強入りしており、国体では優勝も狙えるとみていた。泡を食いました。

窮地を救ってくれたのがＴＤＫでした。決勝で優勝候補筆頭の兵庫（富士通テン）にストレート勝ちし、９人制女子では県勢として初優勝を飾ることができたのです。富士通テンは練習試合を含め、一度も勝ったことがない相手でした。会場の北秋田市鷹巣体育館には「秋田」コールが鳴り響いた。勝利の瞬間、体が震えました。

他の４種目も３位が三つ、４位が一つと健闘し、念願の競技別総合優勝を果たすことができました。少年女子は28年ぶりの３位入賞でした。３位決定戦では、インターハイ優勝の九州文化学園高単独チームの長崎との激戦を制した。エース江畑幸子（聖霊

成年女子９人制で優勝し、歓喜するＴＤＫチーム＝ 2007 年、北秋田市鷹巣体育館

高―日立―仏カンヌ―PFU）の活躍が光りました。
秋田市保戸野のアパートに戻った私は、畳の上で大の字になり、「終わったーっ」と大声を張り上げた。自分の責任を果たせたことに安堵《あんど》し、喜びが込み上げてきました。

東雲中の縁で日立へ

2007年秋田わか杉国体の強化アドバイザーを務め上げ、翌年に日立佐和（現日立リヴァーレ）に復帰しました。

〈日立リヴァーレは日立オートモティブシステムズ（茨城県ひたちなか市）の女子バレーボールチームで、1980年に発足した日立佐和が前身。97年にVリーグ（現プレミアリーグ）に初昇格。リーグ最高成績は2015～16年シーズンの準優勝。リヴァーレはイタリア語で「ライバル」の意で、リーグの強豪と堂々と渡り合いたいとの願いを込めた〉

私が最初に日立に呼ばれたのは01年です。日本カーバイド工業（富山県魚津市）の男子バレー部監督を退いたばかりでした。

声を掛けてくれたのが能代市の東雲《しののめ》中学校の4歳下の後輩、柳谷衛《まもる》君です。能代工業高校から日立国分（茨城県日立市）に入りアタッカーとして活躍、引退後は日立佐和で長らく監督や総監督を務めました。

当時、日立佐和は下部のチャレンジリーグに落ちていました。力はあるのにまとまりがなかった。柳谷さんと当時の部長に監督就任を要請され、引き受けることにしました。運よく1年目にVリーグ昇格を果たすことができました。ひたちなか市に住む柳谷さんとは今も時折、酒を酌み交わしています。

日立に入り、通算14年目を迎えました。監督、総監督、副部長を経て、昨年からは顧問を務めています。

秋田市出身のセッター佐藤美弥（聖霊高―嘉悦大出）は、私が総監督時代に採った選手です。大学で全日本男子の元司令塔、米山一朋君に鍛えられ、日本屈指のセッターに成長しました。現在27歳で、江畑幸子（聖霊高―日立―仏カンヌ―ＰＦＵ）は高校の同期です。

日立リヴァーレのセッター佐藤美弥（左）と＝2016年4月、茨城県ひたちなか市

ただ、江畑同様、リオ五輪代表の座を逃しました。足の故障が原因でした。でも、まだこれからの選手です。再び全日本を目指してほしいと思います。

声張り上げ江畑応援

バレーボール男子の日本代表は2012年のロンドン五輪に続き、16年のリオデジャネイロ五輪でも出場を逃しました。OBとしては寂しい限りです。私は選手として1964(昭和39)年東京大会、ケニア女子代表の監督として2000年シドニー大会を経験したほか、日本協会の強化委員としてモントリオール、ソウル両大会を視察しました。

76年のモントリオール大会では大変な目に遭いました。カナダ・バンクーバーの空港で入国審査を受けた際、日本赤軍ではないかと嫌疑を掛けられたのです。当時、日本赤軍は世界各地で無差別テロやハイジャックを起こしていた。カナダでも警官の制服が10着盗まれる事件があり、関与が疑われていました。

長引く入国審査にイライラして「爆弾でも仕掛けてやろうか」と口走ったところ、別室に連れて行かれた。日本語が分かる係員がいたようです。調べが終わった後も、指定されたホテルで待機するよう命じられました。

このままではまずいと思い、同行していたもう一人の委員と共にホテルから逃げ出し、モントリオールに向かいました。空港に着くと、日本協会のスタッフが待っていて事なきを得た。今だから話せる笑い話です。

ロンドン大会では日立リヴァーレから江畑幸子（ＰＦＵ、聖霊高出）が代表入りし、日本の銅メダル獲得に貢献しました。

当時、日立の総監督だった私は、会社の計らいで江畑の応援ツアーに参加させてもらいました。妻の純子、江畑の両親や江畑の高校時代の恩師・佐々木純一郎さんも一緒でした。バレー会場では、私ほど大声を張り上げて応援する人はいなかった。江畑の父・政彦さんには「菅原さん、恥ずか

ロンドンのタワーブリッジ前で江畑の聖霊高時代の恩師・佐々木さん（右）と＝2012 年

しいからやめてください」と言われてしまいました。

江畑を日立のエースに育てるため、私は厳しい練習を課しました。自分が鍛えた選手が五輪でメダルを手にする姿を見ることができ、感無量でしたね。

オリンピックは出場することがまず大変ですが、私が携わった選手の中では二人が出場しました。一人はミュンヘン五輪金メダルの男子・深尾吉英、二人目はロンドン五輪銅メダルの女子・江畑幸子です。そして今は、全日本選手として活躍しているセッター・佐藤美弥に期待しています。頑張ってほしいと願っています。

東京五輪へ再挑戦?

1964(昭和39)年の東京五輪から50年を迎えた2014年10月、五輪開会式を再現するイベントが東京・駒沢陸上競技場で開かれました。

往時のメダリストらが務める聖火ランナーの一人に私も選ばれました。五輪メダリストの称号は生涯ついて回ることを実感しました。頑張ったご褒美だと思っています。

東京五輪前年の63年、ハンガリー遠征でトーワンというハンガリーの選手と意気投合しました。2人で酒を浴びるほど飲んだ。ブダペストの街を肩を組んで歩いたのが忘れられない思い出です。

東京五輪では敵同士だったため、手を挙げて軽くあいさつした程度で別れましたが、それを最後に彼と連絡がつかなくなりました。以来、トーワンのことがずっと心に引っ掛かっています。

バレーボール一筋に生きてきました。合宿や遠征で家を空けることが多く、単身赴任生活も長かった。家族との時間がなかなか取れないため、長女・由美と次女・理絵をバレー部に入れました。共通の話題が欲しかったからです。２人は結婚して母親になり、現在、神奈川県に住んでいます。孫の顔を見るのが一番の楽しみですね。

顧問を務める日立リヴァーレでは、主にスカウトを担当しています。選手を発掘するため東北や関東を回っています。今も月の半分近くは家を空ける生活です。でも、私にはバレーしかないからしょうがない。

リオデジャネイロ五輪の次はいよいよ２０２０年東京五輪です。その時81歳の私が、ケニア女子代表を率いて東京五輪に挑む――。笑われるかもしれませんが、あながち夢物語でもありません。ケニアから今でも誘いの声が掛かるのです。実現するかどうか分かり

JR 東京駅で。選手発掘のため東北や関東を巡る＝ 2016 年 6 月 28 日

ませんが、考えるだけで胸がワクワクする。3年後に向け、体力づくりに励もうと思っています。

本書は秋田魁新報の連載記事「シリーズ　時代を語る」（2016年6月27日～8月6日）を一冊にまとめたものです。一部加筆・修正しました。

（聞き手＝叶谷勇人）

年譜

菅原《すがわら》　貞敬《さだとし》　略年譜

1939（昭和14）年　2月18日、能代市向能代で生まれる
能代市立向能代小学校卒業
能代市立東雲中学校卒業
秋田県立能代高等学校入学
1956（31）　インターハイで優勝
1957（32）　秋田県立能代高等学校卒業
㈱東洋レーヨンに入社（東レ九鱗会＝現東レ）
1959（34）　全日本選手に選出される
1960（35）　世界選手権大会出場（ブラジル）　8位
1962（37）　世界選手権大会出場（モスクワ）　5位
アジア大会（インドネシア）金メダル

1964(39)	第18回東京オリンピック大会出場　銅メダル
1965(40)	全日本選手を引退
	東レ男子チームに専念
	(1963年度からキャプテン5年間)
1968(43)	東レ九麟会監督就任
1978(53)	全日本ジュニア男子監督
	(アジア選手権3回　世界選手権3回参加)
1985(60)	全日本ジュニア総監督（世界選手権　銀メダル）
1990(平成2)	能代市制50周年で特別功労表彰受賞
1991(3)	アラブ首長国連邦監督（1年間）（アジア選手権参加）
1992(4)	全日本ナショナルチーム戦略委員
	全日本ナショナルチーム強化本部委員
	全日本中学選抜チーム男子監督2年（中国、台湾遠征）

全日本ユースチーム男子監督1年
（アジア選手権、世界選手権参加）
全日本ユニバーチーム男子監督3カ月
（アジア太平洋カップ参加）

1995（7）
11月、ワールドカップでケニア女子監督
（外務省国際交流基金）
12月、ケニア国ナショナルチーム女子監督
（外務省国際交流基金）　1996年12月まで（13カ月）

1997（9）
7月、富山県魚津市日本カーバイド工業㈱バレーボールチーム監督
に就任
能代市体育協会創立50周年で特別表彰受賞
11月、石川島播磨重工女子バレーボールチーム監督
（地域リーグ優勝5カ月）

1998（10）4月、日本カーバイド工業男子バレーボールチーム監督復帰
1999（11）3月、日本バレーボール協会拡大強化委員
2000（12）6月、シドニーオリンピック出場・ケニアナショナルチーム監督
2001（13）4月、日立佐和リヴァーレ（現日立リヴァーレ）監督（2005年3月31日まで）・Vリーグ昇格
2005（17）3月、日本バレーボール協会女子強化副委員長
4月、秋田県わか杉国体強化アドバイザーとして着任
2009（21）4月、日立佐和リヴァーレ（現日立リヴァーレ）監督復帰
2012（24）5月、日立リヴァーレ総監督
2014（26）5月、日立リヴァーレ副部長
2016（28）日立リヴァーレ　顧問

あとがきにかえて

指導者として考えるチームワークの要諦

スポーツの世界でよく耳にする言葉に「あのチームはよくまとまっている」とか「勢いがある」「何かに徹している」というのがあります。また、「個々の選手の力（個人技）を見ると、そんなに良くないのに、試合になると意外な力を発揮する」ということもよく言われます。それは端的に言えば「よく訓練されている」ということなのです。

選手にはそれぞれ特徴があります。「性格」「考え方」「長所・短所」「癖」などです。それらを見抜き、弱点を補いながら長所を伸ばし、個々の力を発揮させて一つにまとめ上げ、勝利に導く、というのが監督の仕事だと考えます。

監督は選手たちに明確な目標を示し、それを理解させることが最も大切なことです。目標や方向性がつかめない選手たちは迷ってしまうばかりか、厳しく苦しい練習に付いてこないようになり、自分勝手にもなってしまいます。チーム6人のそれぞれの力量は異なっても、お互いの弱点をカバーし合うこと、さらに個々の長所を最大限に生かすことで、チームの総合力を実力以上に発揮させることができます。すなわち「1+1」は「3」にもなる、ということです。これがチームワークの要諦ではないかと考えています。

バレーボールではよく「6人の力を7人、8人の力にする」と言われますが、実際にそのような「意外な試合結果」は何度となく体験したことがあります。どうしてこのような勝ち方ができたのか分からず呆然とした、ということもしばしばありました。

また、勝負をかける場面で肝要なのは、単純なことですが、「全員の気持ちが一つにまとまる」ということではないでしょうか。個々の考えを率直に出し合うのは練習やミーティングのときであり、選手同士の綿密な話し合いが必要です。しかし、いざ試合が始まったら「勝つための集中力」に徹することが最も大事なことになります。つまり「自らの我《が》」を捨てて全員の心を一体化させるということです。具体的にそれは何かと言えば、例えば監督の指示や決定に瞬時に反応し、チーム一丸となって「勝ちにいく」ということだろうと思います。

随分とおこがましいことを申し上げましたが。私の長い監督経験からは、以上のようなことの数々が、いわば確信となって蓄積されてきた次第です。そして、この場をお借りして、私が日頃から思い描いている「監督」と「選手」の心構えを以下に列挙させていただければ有り難く存じます。それによってバレーボール界の後進の方々に目を通していただき、チームづくりのために少しでもお役に立てるのであれば、望外の喜びです。

【監督の役割】（人間性、信頼感、態度、決断力など）

1　一人一人の人間性、資質を高める。
2　「チーム」も「試合」も「縮小された社会」ととらえる。
3　できるだけコートに立って選手の性格や身体状況を把握する。
4　選手の欠点は直し、長所を伸ばす。
5　やる気にさせる言葉と環境をつくる。
6　選手個々のプレーの目標とチームの目標を明確に示す。
7　良い行動、プレーは見逃さずにほめる。

8　悪い行動、プレーはその場で指摘する。
9　選手をいつでも平等に見る。
10　監督自ら研究心を持ち、熱意と努力を惜しまない。
11　試合での監督の態度は選手に大きく影響する。

A　迷わない。決断力が大事。
B　はっきりと分かりやすい言葉で伝える。
C　常に落ち着いて構え、選手に安心感を与える。
D　最後まで諦めない。気持ちを強く持つ。
E　「選手交代」「タイムアウト」も迷わず即断する。

※　選手個々のコンディションの把握。
※　相手チームの分析（相手選手のコンディションと弱点の把握）。

※　「ツキ」も実力のうちと考える。
※　ムードづくりを怠らない。励まし合い、喜び合うことで生まれる。
※　勢いに乗ったら、実力以上の力を出すことができると信じる。

【選手の心構え】

チームワークを重んじ、成果を上げるために、個々人の資質を毎日の生活と練習の中で磨き上げていく。
1　他人のため、チームのために奉仕する心を持つ。
2　他人の気持ちになって考える。
3　基本プレー、簡単なプレーほど大切にし、しかも全力でプレーする。
4　約束ごと、時間、フォーメーションなどの決まりを守る。
5　自分の失敗を他人のせいにしない。
6　言い訳や他人の悪口を言わない。

7　苦しさや厳しさに直面しても泣き言を言わない。

8　うぬぼれず、雑なプレーやスタンドプレーをしない。

9　やる気、集中力を欠かさなければ、勢いが生まれる。

10　物事を明るく良い方向に解釈する。そこにツキが回ってくる。

11　率先して厳しい練習に取り組む。

2017年9月

菅原　貞敬

謝辞

私のバレーボール人生65年余りの歳月の中で、数多くの節目がありました。本文では記載できませんでしたが、ここに大変お世話になった方々のお名前を挙げ、心より感謝の意を表したいと思います。

最初に全日本選手に選抜してくださった監督長崎重芳氏（故人）、コーチ和田助則氏（故人）、東レ監督向井正一氏、キャプテン塚本将氏、後の東レ監督海野武氏、１９６４年東京オリンピック代表監督坂上光男氏（故人）、コーチ松平康隆氏（故人）、東レ㈱社長前田勝之助氏（故人）、専務小田実氏、アラブ首長国連邦国バレーボール協会専務理事ユセフ・アルムーラ氏、ケニヤ国バレーボール連盟会長ワイタカ・キヨニ氏、東レエンタープライズ社長松本博氏（故人）、所沢市・新井喜代子氏、日本カーバイド工業社長原菊男氏（故人）、富山大学教授西川友之氏、石川島播磨重工呉バレーボール部長後藤公明氏、副部長長野正史氏、事務局長国松典雄氏、日立佐和バレーボール部長山宮脩氏、山ノ川孝二氏、東北福祉大学教授大和田直樹氏（故人）、東海大学教授成田明彦氏、秋田県バレーボール協会長菅原貞治氏（故人）、国体対策室伊藤知至氏、理事長横屋敏夫氏、能代市バレーボール協会長金谷孝氏、理事長原田真志氏、事務局平塚富貞氏、平鹿の吉田建設社長吉田博行氏ご夫妻、杉敏夫氏に感謝いたします。

また、ケニヤのバレーボールチームに練習場の床を造ろうと呼び掛けてケニヤ基金を設立してくれた私の同期生たち、すなわち蓮沼洸氏、寺田良照氏（故人）、越後鉄雄氏（故人）、宮腰誠氏、秋元正英氏、平川貞一氏（故人）、阿波野守一氏、芳賀隆氏、田村茂氏（故人）、安井信夫氏（故人）、坂本広文氏、高砂浩氏、伊藤博夫氏、菊地秋雄氏、工藤豊氏、伊藤和彦氏、七戸節雄氏（故人）、石嶋直樹氏の善意は大変嬉しいことでした。ほかにも同期生の女性たち、秋田市や能代市のママさんバレーチームの皆さんにもご協力いただきました。

秋田国体が終わった2008年には再度、日立佐和バレーボールチーム監督に就任しましたが、その1年目はアメリカ自動車産業界の不況が影響してバレー部の存続が危ぶまれました。そのとき〝救世主〟として現れたのが日立本社副社長の大沼邦彦氏でした。大沼氏は社名を日立オートモティブシステムズ㈱に変更したうえで「バレー部を当社のシンボルスポーツにする」と言明。自ら後援会長に就任し、チーム名を日立Rivale（リヴァーレ）として新たに出発させてくれました。まさに九死に一生を得た思いでした。

このように、「時代を語る」の出版によって、思い出深い数多くの方々をいま一度胸に刻む貴重な機会を得ることができました。これまで失礼やご迷惑をお掛けした方々に心よりお詫び申し上げますとともに、あらためて厚く感謝を申し上げます。本当に有り難うございました。

菅原　貞敬

バレーボールに明け暮れて

定　　価	本体 800円＋税
発 行 日	2017年9月19日
編集・発行	秋田魁新報社
	〒010-8601 秋田市山王臨海町1－1
	Tel. 018(888)1859
	Fax. 018(863)5353
印刷・製本	秋田活版印刷株式会社

乱丁、落丁はお取り替えします。

ISBN978-4-87020-395-2 c0223 ¥800E